AF397410

Kustantaja: BoD · Books on Demand GmbH, Helsinki, Suomi

Kirjapaino: Libri Plureos GmbH, Hampuri, Saksa

ISBN: 978-952-80-8496-9

BIISIT 3

Suomalainen Sotilas

Taas metelöi

kun tykit löi

metsän rajalle asti

Hiihdetään varovasti.

Miehiä kaatuneita siellä täällä

Valojuovat vielä etäällä

Mun on nälkä vilukin vaivaa

Täytyy taas hautakin kaivaa

Serkkupoika makaa kylmänä tuolla

pitikö senkin kuolla

Viime kevään yli-oppilas vasta

Voi innokasta.

Jäädään tähän hetkeksi ihan

Repusta kaivan kuivalihan

On hiljaista kovin

voimme oottaa tovin

Vaik on pakkanen mitä ankarin

näet tässä suomalaisen sankarin

Mentävä on vaikka oottais surma

on henki hurma

Vaik turman suuhun suoraan veis

Kaik toivo ompi meis.

KISSAN KUOLEMA

Huoneessa kaksi

kynttilää paloi

sydämenmuotoiset liekit

vielä toivoa valoi

Makaat siinä unta syvää

Toivon sulle kaikkea hyvää.

Hiljaisuus täytti huoneen

Muovikukkia näen hoitajan tuoneen

Jotain kaunista piti sanoa siellä

mut en sua silti kuolleeksi miellä

Yhteisiä vuosia muistelin vain

Miten paljon mä sulta sain.

Pyysin lääkäriä sanomaan heti kun...

et oo enää mun.

On raskasta surua kantaa

On kyyneleet kauneimmat mitä voin

sulle antaa. Jää hyvästi kohdataan sielä

missä yhdeksää henkeä tavataan vielä.

TUOKIO
Hiihtelen hiljaisia saloja
Harvakseltaan näkyy taloja
Ken asuu tuolla
Näin korves haluaa kuolla.
Tuuli hankia käy
Ei ikkunoissa valoa näy
Peltoja mäntyjä siellä täällä
yksinäinen masto mäen päällä.
Savun tuoksu viipyy
Hämärä jo maille hiipyy
Ketun jälkiä tuossa luulisin
Kuin junan pillin kuulisin
Mut pitää jatkaa
vielä on matkaa.

Talvi
Talven tuiskut mi lyö
Lumityö
Pakkanen iskee kuin vihalla
Ulkona Jumalakin kananlihalla.
Jääpuikot, terävät sotilaat
Puut jäykkiä kuin
kuolleet potilaat
Lumi askeleissa soi
Marras pimeän jo loi
Lapsi kielestään jää raudalle
Joku vei kynttilöitä haudalle.
Puut lunta oksilta varistaa
Isäntä piipun pesää karistaa
Kaivosta jäätynyttä vettä
Voi että
huutaa emäntä tuo
Kun keltasirkut saapuneet
on lintulaudan luo.

VETERAANI

Toisen puolen kasvoista sota täyttää

kun toinen puoli nuorukaiselta vieläkin

näyttää

Kunhan maa pidettäs niinku oma koti

Kuka minusta siellä loppujen lopuksi soti?

Onko vanhuksella arvoa

Rukajärvellä kyllä kelpaisin tarpoa

Nyt mulla ei oo ees nimeä

Lääkärin ääni kimeä

Mitäs tänne kuuluu?

No mitä vuoteelle voi kuulua

arvon lääkäri

Tässä makaa unohdettu

rynnäkköjääkäri.

Yhä lyhyemmäksi aika käy

Eikä lastenlapsiakaan vierailulle näy

olisi mukavaa käydä pullat kanttiinista

poiketa sairaalan rutiinista

Mitäkö odotan saattohoitoa kai

kovemman osuman sydämeni sai

Kun lapsilla ei ole aikaa käydä täällä

Mulla on viikkokaudet sairaalan vaatteet

päällä

Tahtoisin lähteä arvokkaasti kirkkopuvussa

Ai kihtiäkö, no sitä on suvussa

Olisiko jollain hoitajalla aikaa

hetken verran

tekisin testamentin, taas kerran.

Siel on alpakkalautaset piirongin päällä

Verkot pitäs hakea järvestä suojasäällä

Kerro velipojalle

Sano ettei muistella pahalla

Ymmärrän ettei se tahalla

päässy käymään

sillekki kova paikka

Niin vaikka

olishan se ollu vielä mukava jotakin turistaa

kädestä puristaa.

Mut isänmaa on koti

Se pitää siistinä pitää

murheet poissa

lapsia jaloissa

Soman vaimon kanssa

huolta kantaa

Herra kyllä leivän antaa

Ei kai mulla muuta

kuivaa jo suuta.

Kaunis päivä siellä, toista oli Raatteen tiellä.

Eutanasia

Elämäni kohdussa

En muista

Nyt vain makaan

letkuissa

Tässä tämä oli

Kiitos siitä

Kun aina sanotaan

ettei mikään riitä

Mut miks pitäs riittää

Meil on yks elämä vaan

Siitä otan kaikki minkä

irti saan

En syntynyt omasta päätöksestä

silti mulle hoetaan kestä kestä

Jokainen sairastaa jotakin

neuroottista juttuu

vai onks sul ketään

normaalia tuttuu

Totta ku en syntynyt ite

Ei oo oikeutta lähteä

pitäs vaan uskoa jotai kattopelli tähteä

Et kaikki järjestyy usko pois

Tän paremmin mun asiat ei olla vois

Mut mä en jaksa

Kaikki on pelkkää puhetta vaan

Tuskin mitään kiitosta koskaan saan

Täs makaan onpa hieno juttu

Elääkö sulla enää kukaan tuttu

En pääse kävelee kunnolla.

En tee mitään nimettömän varpaan tunnolla

Letkut seinästä irti siis

jooko pliis.

Ei oo mitään tosi viisasta

mitä sanoo:

Elinpäiviä en jaksa anoo

Letkut irti seinästä siis

Jooko pliis.

Eutanasia ei oo mikään

Jumala-asia

Eikä elämä mikään soittorasia

jonka voi avata ja sulkea

Mut miks pitäs sairaana

kärsiä kulkea.

Enempi tää on armon juttua

Tästä vaan pitää keittää

kaikenlaista uskovaisten huttua

Mut kukaan ei halua kipuja

ennemmin kääntää tuonelan vipuja.

Kaunis ratkaisu musta tääkin

Ja ihan yhtä upeat muistot

musta jääkin.

Uni
Veneen pohjalla
Nuotta unesi alla
kuutamon nukuttama
soliseva purovana
korvaan kuiski sulosävelin
kun tuuli sormin hyväilevin
sai pienokaisen tuutimaan.
Näki näyt näkijäisen
sydämen salmi selätti
järki järvehen katosi
Kuu kukkui kaunosielun
liplatti laineet lakkapäät
Usvan utu unisen
herätti hauraan hellimän.
Kuutamo katsetta koristi
solisi silmät säihkyväiset
hymyn heläytti heljä
Sadusta säpsähti silmäterä
Satua sykit sylissäin
Laps Luojan lahja.

Joki

Vuosisadat tukkipuita

kuskas kymet kaupunkien luo

Nous korkeista piipuista kohta

harmaa savu tuo.

Tukit joutuin virta kiiretti

vaan ihminen sen luottamuksen petti

vesi samentui

eikä kala enää pyydykseen ui.

Nyt vettä lasketaan ja nostetaan

sen rannoilta kiinteistöjä ostetaan

saa nähdä ketä tässä onnistaa

kun voimalaitoskin koe-ponnistaa

ja kaivosyhtiötkin siitä haluavat hyödyn

sanan syödyn.

Nyt joki kuin veli on

Likainen hylätty arvoton.

JUHANNUS
Lapsi saa karkkipussin
kunhan mökille päästään
Isä kossupullon rippeitä
perille säästää
Mut nou hätä
sitä on takaluukussa lisää
Voi tuota isää!
Mökki jossa lapsella ei
oo mitään tekemistä
Äiti juo viiniä eikä
siinä mitään ihmeellistä.
-Mee heittää vaikka kiviä
Isä sanoo ja viisaa
Niitä piisaa.
Täällä suomen kesä vasta
Voi tuota lasta
Kun pyörii jaloissa ja marisee
Kohta on syksy ja puun lehdet varisee

Sitte ei oo taas mitään tekemistä

Nyt töpinäksi pistä

ja hae saunapuita

Ihanaa ku tääl ei oo ketään muita.

Saunan jälkeen isä ja äiti

riitelee taas

Kaikki on paskaa ja kossukin

on maas

Perkelettäkö sen läikytit

lapses säikytit Isä manaa

Äiti ei saa sanottua

ainuttakaan sanaa.

Onneks ne sammui

Isä ulos ääreen pöydän

Äidin lattialta löydän

Mä meen telttaan

Yksi yö vielä

Voi kun vois olla kotona sielä.

STIPENDI

Stipendi

Jäin luokalle

sori äiti siitä

välil vaan tuntui ettei

taidot iha riitä.

Oot ainut joka itkee

kevätjuhlassa surun kyyneleitä

Mut ollaan yhes

Ei tää muuta meitä.

Ens vuonna yritys uus

Monta siihe tarvittiin

et joku kävi kuus.

Kaikki mitä tahdotaan

saavutetaan kyllä

Ei se haittaa jos

ei iha kymppeihin yllä.

Tää perhe on jotain sellaista

mihin stipendit ei riitä

oppimaan jokainen kerkee

-se siitä

Vielä joskus, liikkasalis sielä

Oot musta ylpee

se aika tulee vielä.

Ei elämänkoulusta päättötodistusta saa

jos kolhuista sais stipendin

oisin voittanut sen monta kertaa.

Me ollaan jokainen jossai hyviä

Joku urheilee, toinen miettii diippejä syviä.

Mut yks totuus koskee kaikkia meitä

ollaan samanarvoisia kuljetaan vaan eri
teitä.

Tukihenkilö Sari

Tänään sua odotan

meille taas

sä keksit kaikkee kivaa

vaik mun mieli olis maas

Oot mulle rakas

Sä saat mun puheista selkoa

salaisuudet kerron

ilman häpeän pelkoa.

Ikkunalla ootan mut

äiti tiesi sanoa

että tää palvelu

pitää uudestaan anoa

Hyvinvointipalvelut

mut kukaan ei voi hyvin

Kukaan ei auta

Kun on ahdinko syvin.

Siis eikö Sari enää tuukkaan?

Eikä enää ketkään muutkaan?

Ikkunalasiin mä painan pään

siihen hetkeks aikaa

itkemään jään

Voi ku olisinkin lintu tuo

lentäisin heti Sarin luo

Kenelle mä nyt Pokemon-kortit

näytän?

Kenenkä kanssa Sudokua täytän?

On ollut riemua kiukkua

kiitos Sari siitä

vaikka sanat nää ei

edes kiitokseks riitä

Miten paljon tulen

kaipaamaan sinua

ethän koskaan unohda minua.

Elämän tarkoitus on mennä ohi

O

O niinku olemassa olla

kaatunu nolla

Narratiivi tyhjästä

Olemattomasta tästä

Tyhjyys on neuroosin

synonyymi

Puhuminen pelkkä

analyysi.

Sokrates tiesi

ettei mitään tiedä

Tietämättömyyttä ei kukaan siedä

Suurinta filosofiaa jos veisit roskat ulos

Keskeneräisyys on valmiin tulos.

Jokainen on neurootikko

romantikko

Tieto siitä että kaikki jää kesken

Elämme kunniaksi lesken

Kun emme valmista koskaan saa

teemme luovaa

Kohtalo muovaa

meillä askaroi

Ei luoja vaan teoria

meidät kuvaksensa loi

Pelkkiä ajatuksia

ovat kirjat taiteet nuo

Ne mielikuvan elämästä luo

Vaik ainoo totuus kuolema meille on

tyhjä hiljainen ja kasvoton.

Jossain on luukku tahi kohta

jolloin sanot AHAA

Ilman hyvyyttä pyrkimystä tai pahaa

Se sun oma tiedon valos on

vaik oot tiedoton.

Minuudet
Minusta on moneksi
ja juuri siksi
kysymme miksi
Olemme eksyneitä
Yhtä aikaa monia meitä.
Somessa olet ihan joku muu
tykkäyksiä varten rakennettu henkilö
hetkien ilmiö
Jaat kuvia kerjäät huomion
Saat näennäisten kavereiden tuomion
Olet menneisyyyden osia
tarinoita juttuja epätosia
Mitä päätät, tahdot sen näyttävän hyvälle
Alat päästä tarpeeksi syvälle.
Elokuva on pelkkää roolia
kahviloissa istuminen coolia
Menet metsään tai luostariin

luot valeprofiilikuvan
annat itsestäs kaatoluvan.
Olet lehtijuttujen ja huhupuiden
toinen versio kadulla susta
Elämä ei oo niin valkonen ja musta
Teeskentelen olevani itseni
olen autenttinen luomukseni
Katso miten herkkä olen näetkös
Tässä on minuuden kytkös
Ollako vai eikö olla
Jätä maneerit ja roolit suosiolla
Lakkaa kiillottamasta pintaa
Mieti suosion hintaa
Oothan hurja leikki
Aidoimmillas oot feikki.

Ulkona seurasin leikkejä

lasten

se sai mut hymyilemään

kun piilon näin juoksevan

pienen pellavapään.

Mut mihin oikein oman lapsen toin

ennen niin useat leikit loin

mielikuvituksen luotin

hupia verratonta tuotin.

Jo kuulen Kiurun

kesän tuon

muistolle tuokion suon.

Elämä
Sä pidät hauskaa frendis kaa
ku mä himas kirjoitan
lyriikkaa
Jokaisella on vapaa tahto
tehdä mitä haluu
Muuten tää elämä hukkaan valuu
Täällä ollaan kerran vaan
Otan kiksit mistä saan.
Valinnanvapaus on rikasta
Kaikki on loppujen lopuks melko
pikasta
Tuntuu et tänään on huominen
hetki sit loppui universumin luominen
Mut jos täällä hengailis ikuisesti
Tää olis tylsä pesti.
Valinnanvapaus
Teet mitä teet

Mee mihin meet

mut oon utelias tahdon nähdä

mitä kaikkee on

Ei tää käytävä kumminkaan oo loputon

Ei saa liikoja kelata

Välil täytyy relata.

Taas mietin niitä näitä

ihan turhanpäitä

Nautin nyt vaan

ei tehdä tästä ydinfysiikkaa

Laitan silmät kiinni

nautin tästä

mikään ei estä irti päästämästä.

Ollaan hippaa

Kiinni

Sä oot mussa kiinni

mä sussa

vielä joku ässä taskussa

laita silmät kii

nähdään yhdessä unia

lähteviä junia

mä oon kotona sussa

ku tunnet että oot mussa

Ollaan hippaa

karkuun juostaan maailmaa

ei, ei tää oo liikaa

samaa satua

yhteistä katua

Sä et sano mitään vaan suutelet

mykkänä omakses huutelet.

Kun meillä on purkkihernekeittoa, meillä on
kaikkea, meidän puhelinliittymä suljetaan,
teen häätölapusta takkaan sytykkeen, kissa
lämmittää makkarin, mankasta kuuluu
rollarit, hey negrita, baarikaapissa ei ole
mitään särkyvää, me pelataan jätkänsakkia
ruudulliseen pöytäliinaan ja juodaan vihreetä
kahvia, tavaravaunut kolisee, me lähdetään
kylään naapuriin, siellä on putkiremppa
kesken ja avioero, mä etsin keittokomeron
kokoista duunia, öisin me kylvetään
siemeniä ja päivät kypsytään aikuisiksi,
iltaisin sä olet niin nuori vielä että saat
mutkin pelkäämään pimeää, sä ripustat
sukkani säärelles kuivumaan, kyyneleet rujon
miehen.

BIPOLAARISTEN RAPSODIA

Mielialat vaihtuu äkkiä

joko masis tai mania

tai molemmat päällä

Kun tunteiden vuoristoradas

non stoppina pyörin täällä

Kierrän loputonta kehää

itsetuntoni kanssa

kuka oon tai

miks oon

En personoidu

Hämähäkkimiehen turvaverkkoon.

Mä yritän kätkee itseni muilta

toisten vanhemmat

säästyy kaikelta arvailuilta

En häpeä sitä mikä oon

Häpeen sitä miten

vaikutan niiden reaktioon

Reipas olla väkisinkin koitan

Perheen luottamuksen

vähitellen puolelleni voitan

En itke olen mies

Mä yritän imuroida otsa hies

Lapsiini panostan

kun nelivuotiaan syliini nostan

syötän puuron

Kun apatian enkeli

lähettää päälleni sadekuuron.

Tuhlaan kaikki energiat turhaan hoppuun.

En saa yhtäkään asiaa kunnolla loppuun

Siitä iskee fiilis että tahtoo kuolla

siit huolimatta peräseinä näkyy jossai

kaukana tuolla

Maailma ei oo kylmä

vilu on vaan mulla

vaik paljo kärsittiinki

on koti mihin tulla

ku epävarmuus iskee

enkä tiedä mitä nyt

sä vaan pysähdyt

Ollaan siinä hetki hiljaa

käsi etsii kättä ja

löytää empimättä

Hoen itelleni mantraa

joka on ku bipolaaristen yhestoista laki:

Oo itestä ylpee, tänää, huomennaki.

Katsotaan kaljatölkkikiikareilla tähtiä.

Abortti

En pystynyt pitämään lasta

Mä oon niin nuori 18 vasta

Koko nuoruus ois menny kotitöis

En mä koskaan lastani laiminlöis

silti tuntuu et mun täytyy saada

elää vielä vähän

Lapsi väärä hetki elämäntilanteeseen tähän.

Silti mitään tunne

siitä huolimatta kun ne

kysyi pitääkö päätös

Itkupotkuraivareita ei mikään ylläri

ja ihmekös

Mun sisällä olis kasvanut ihan

jotain uutta

Mut en ois jaksanu niitä vuosii

ennen kuutta.

Ei mul ois ollu ketään

mun tukena tässä

oravanpyöräs äitihässäkässä

Pelkään En ois osannu kuitenkaa

Päivät menis vaan hengaillessa

muittenkaa

Himas kasvua tukiessa

Illat satukirjoja lukiessa

Silti mun on paha olla

saanko iteltäni koskaan anteeks

jokaisen viiltohaavan jonka

miellän ranteeks

Vaik niitä on ympäri kehoa

Ei edes lääkkeet kunnolla tehoa.

En pääse ajatuksia pakoon näitä

himas kampaan vanhoja nuken päitä

Mun on pakko hakee apua oloon

muuten ku rotta tukehdun koloon.

Ajatukset sahaa

En oikeesti tarkoittanu mitään pahaa

Anna anteeksi on paha olla

elän pyhällä hengen ravinnolla

Oon niin pahoillani

Kun en pystynyt seisomaan omilla

jaloillani

Olisit nytkin mun seurana täällä

Sul olis varmaan jotain muumia päällä.

Keskenmeno

Makaan sairaalassa

mun maailma kaatu

ei me sitä pikkusta sit kotiin saatu.

Miksi tää meni näin

Ei ikinä mitään hyvää

Vedän henkeä taas tosi syvään

Miltä musta tuntuu

ei kukaan kysynyt

Tännekö sä pieni, sit jäät nyt?

Kukaan ei tajua miltä musta tuntuu

Kannan mukana

näkymätöntä suruhuntuu

Ja miten koville tää ottaa

Kun on ehditty kotiin hankkia

pinnasänkyä ja pottaa.

Aattelen niitä pieniä jalkoja

käsiä

En yli pääse
alitajuntaan -jää se.
Me kutsuttiin sua Rymyksi
sä olisit sulattanut meidät
yhdeksi hymyksi
Antaisin mitä tahansa
et voisin sut syliin saada
Vielä joskus käy
sun luoksesi tieni
Siihen asti hyvästi nyt
kulta pieni.
Pian oot perillä siellä
Enkä rakkauttamme
koskaan muuksi miellä
kuin että kaipauksen kaltainen
on taivasten valtakunta
hyvästi pieni
näe kaunista unta.

TOIVO

Vielä äsken sun sydän löi

Äidin silmät toivosta säkenöi

Sit yhtäkkiä monitorilla

pelkkää viivaa

Mikä tota konetta riivaa

Isältä putos kädestä

pehmonalle

Äidin huuto kuulosti

toivottomalle

Eikö me saadakaan kotiin

pikku vauvaa

Täs on joku virhe

Ei mee varmaan kauaa?

Pappi tuli äidin

sängyn luo

Minkä niminen oli lapsi tuo?

Äidin silmät muistuttaa juoksevia hanoja

Isä ei saa suustansa sanoja.

Kotona lelut uusi syöttötuoli

Äiti ei voi käsittää mihin

pieni kuoli.

Käskee miestään hävittämään

kaiken pois

Ei uskoo

et haikara joskus uuden vauvan tois.

Meni pari vuotta ja

äiti yhä sängyllä makaa

Mieliala ei oo ollut

pitkään aikaan vakaa

Isä yksin nukkuu

illat pasianssia pelaa

Yhä hänkin lastaan

mielessä kelaa.

Lopulta äidillä edessä

osastojakso

paljonko se hedelmöityshoito makso

Isä yrittää vielä

vaik äiti on jo osastolla sielä.

Kun Äiti pääsi osastolta pois

Se sanoi ettei faijan kanssa olla enää vois

Eikä halunnut enää koskaan lasta

Toipilas olen vasta.

Äiti muutti halus uuden alun

löysi taas jostain elämänhalun

Isästä ei oo kellään tietoa

Kai se harjoittelee baarissa

kipunsa sietoa

Surullista että tällaista tapahtuu

Ja aina joku lopulta uhriutuu.

MIKROPITSA-FAIJA

Ku sä synnyit

mulle sanottiin: ei tosta mitää tuu

etten osaa sun kanssas olla

Ympyrä on nolla

toisille kehä

Mitä mun sit pitäis

sun kanssa tehä

Oon sun isäs

eikö sen pitäs riittää

vai pitääkö jotain dokumentteja

vielä mukaan liittää

Et kelpaan

Elämälle jään susta

kiitollisuuden velkaa.

Hei en mä luovu susta koskaan

pyykkivuori kasvaa ja katse

osuu joka roskaan

silti paras isä sulle olla koitan

Heti sulle koulun jälkeenki

soitan

Vaik en oo ku numero tilastolisä

pitsankuori-isä

Ei se meidän suhdetta mitenkään muuta

En oo koskaan muutenkaan tavoitellu

kuuta.

Dösässä katson muiden lapsia

ja mietin

Mitä tein väärin

missä aikani vietin.

Oonko tehnyt elämäs
pahaa muille
kun mun lapsi päätyi vammaistuille
Lapsi kyl hyväksyy mut hyväksynkö
mä
et olen autistisen lapsen i-sä.
Suo anteeksi
Olen epävarma
Oonko tarpeeks hyvä
vai suvun katkennu karma
Välil pelkään
etten osaa mitään mikroruoan lisäks
Etten oo tarpeeksi hyvä
sun isäks.

Anna anteeks

koeta ymmärtää mua

Haluun et tiedät

etten osaa elää ilman sua

Mä lupaan tehä kaikkeni

enkä koskaan mee pois

eikä sua parempaa

mikään olla vois.

Joka päivä sä vedät

mun alta maton

Sängyllä vierekkäin

katellaan tähtiä

läpi katon

Mä katson kuvaa

luona pelipöydän: Sut itsestä löydän.

Koti

Hyvästi pitäjä
isieni talo
jo roihuu metsäpalo
tykistö siel
mitähän viel.
Ruudin hajua
räiskettä rajua
vielä oma poikakin piti mukaan tulla
riittää murhetta mulla.
Jää hyvästi vaimo mut
hetkeks vaan
kirjoitan kortin kun huilataan.

Rintamalla
Ei olla päiviin syöty
kaik tupakatkin myöty
Jalkoja särkee mut mentävä on
vaik mieli ois kuinka lohduton
Ei tässä sankareita tehdä
miehiä lain
kun raatoja makaa ympäril vain
On jokaisel ikävä kotiin
ja leipää pitäs säästää sotiin!

Painajaiset

Öisin herään olen rintamalla taas

joku ampuu pysykää maas

kuolema tuoksuu ympärillä

ei ole väliä sillä

kunhan täältä kotiin päästäis

ja vihollinen mun hengen säästäis

Vaimo lapset

miten mun oli ikävä teitä

mut Herra suojeli meitä

Nyt oon kotona

unohdetaan kaikki kauna

lämmitetään sauna.

Kesälaitumet ja voikukat

Lehmät horsmien haituvat

Punamultamaali tuvassa

kissakin kuvassa.

Pihakeinussa istun
kaivossa vielä vesi
Tuossa puussa viime kesänä
peippo vielä pesi
Mehiläinen kerää mettä
voi kesää
voi että.

Voikukkia sulle noudin
saaresta vielä leinikkejä noudin
Tanssiaiset on illalla
kun kuu odottaa sillalla
tule tule tyttö nuori
kun nukkuu äiti-muori.

Heinää seipäille

auringon kupari selässä kiiltää

viikatteen terä viiltää

korsi taittaa peltoa

taittaa miestä

joka läpimärkänä on hiestä.

Tango Humikon nyt yössä soi

kun piiat rengit karkeloi

Polkupyörän tangolla

tyttö sääskiä huiskii

mies satulasta tytön korvaan kuiskii.

Pannukahvia kaadan

alaselle ihan

kun pystykorvan haukku täyttää pihan

sokuripalan laitan suuhun

katson loittonevaan kuuhun

Rengit piiat väsyneinä käyvät maate

parhain on yllä vaate

Voi nuoria meidän

tapoja heidän.

Hei Äiti

Pieni kylä

Musta tuntuu että ne meitä kaihtaa

Vastaan tullessa tien toiselle puolelle

vaihtaa

Kun saavutaan leikkipuistoon

muut perheet lähtee pois

Tuntuu ettei huonommin asiat

olla vois.

Äidillä on väsyneet kasvot

sen silmistä nään

joiden taakse se piilottelee

kyyneleitään

Äiti on liikaa valvonut

Taas viinipulloon sortunut

Siitä on tullut näkymätön

Kotinsa vanki ihan

joka harvoin käy

kauempana kotipihan.

Äidille ei kukaan soita

Se on vain harvoille olemassa

Somessa käy katselemassa

Mitä muille kuuluu

Ja vain harva vastaa sille

mitään ei kuulu nepsy-äidille.

Kukaan ei jaksa äidin murheita kuulla

Se on paljon rikkinäisempi ku vois luulla

Edes isä ei näe sitä

Että äidille kuuluu vaik mitä

Että se jaksaa ihan koko ajan

Ylittää päivittäin sietokykynsä rajan

Mutta kerran eräänä iltana

Äiti löytyi kylpyhuoneen lattialta

Ovi oli lukossa

Mä pidin korvia tukossa

Kun ambulanssi saapui sireenit päällä

Onko teitä muita täällä, setä kysyi

Isä jähmettyi, paikallaan pysyi

Äiti ei enää jaksanut se supisi

jotain itsetuhoisuudesta jupisi.

Me käytiin Äitiä katsomassa

sairaalassa

Näin sen kerrankin ihan vaan makoilemassa

Voin jo paremmin

Tulen kohta kotiin

Sen vielä kuulin

Kun äitiä suutelin vapisevin

huulin

Mun silmät kostui mitä siitä

Älä äiti enempääsi koskaan riitä

Sain sanotuksi

Älä jätä meitä

Nää on äiti sun kyyneleitä.